LIBRO DE COCINA 2021

INSTANT VORTEX

AIR FRYER

RECETAS DELICIOSAS PARA PRINCIPIANTES

CAMILA CRUZ

Tabla de contenido

Puré de coliflor, garbanzos y aguacate

Tiempo de preparación: 10 minutos | Tiempo de cocción: 25 minutos | Para 4 personas

1 coliflor de cabeza mediana, cortada en floretes

1 lata de garbanzos, escurridos y enjuagados

1 cucharada de aceite de oliva extra virgen

2 cucharadas de jugo de limón

Sal y pimienta negra molida, al gusto.

4 panes planos, tostados

2 aguacates maduros, triturados

1. Ajuste la temperatura del horno de la freidora a 425ºF (218ºC). Presione Iniciar para comenzar a precalentar.

2. En un bol, mezcla los garbanzos, la coliflor, el jugo de limón y el aceite de oliva. Espolvoree sal y pimienta al gusto.

3. Colocar dentro de la sartén perforada del horno freidora y freír al aire durante 25 minutos.

4. Unte encima del pan plano junto con el puré de aguacate. Espolvoree con más pimienta y sal y sirva.

Arroz de imitación de coliflor

Tiempo de preparación: 15 minutos | Tiempo de cocción: 40 minutos | Para 8 porciones

1 coliflor de cabeza grande, enjuagada y escurrida, cortada en floretes

½ limón, exprimido

2 dientes de ajo picados

2 (8 onzas / 227 g) latas de champiñones

1 lata (de 8 onzas / 227 g) de castañas de agua

¾ taza de guisantes

1 huevo batido

4 cucharadas de salsa de soja

1 cucharada de aceite de maní

1 cucharada de aceite de sésamo

1 cucharada de jengibre, fresco y picado

Spray para cocinar

1. Ajuste la temperatura del horno de la freidora a 350ºF (177ºC). Presione Iniciar para comenzar a precalentar.

2. Mezcle el aceite de maní, la salsa de soja, el aceite de sésamo, el jengibre picado, el jugo de limón y el ajo picado para combinar bien.

3. En un procesador de alimentos, presione los floretes en pequeños lotes para descomponerlos para que parezcan granos de arroz. Vierta en la sartén perforada del horno freidora.

4. Escurre la lata de castañas de agua y córtalas en trozos grandes. Vierta en la sartén perforada. Freír al aire durante 20 minutos.

5. Mientras tanto, escurre los champiñones. Agregue los champiñones y los guisantes al horno de la freidora y continúe friendo al aire durante otros 15 minutos.

6. Rocíe ligeramente una sartén con aceite en aerosol. Preparamos una tortilla con el huevo batido, asegurándonos de que esté firme. Acuéstese sobre una tabla de cortar y córtelo en rodajas.

7. Cuando la coliflor esté lista, agregue la tortilla y hornee por 5 minutos más. Servir caliente.

Asado de remolacha Chermoula

Tiempo de preparación: 15 minutos | Tiempo de cocción: 25 minutos | Para 4 personas

Para Chermoula:

1 taza de hojas frescas de cilantro empaquetadas

½ taza de hojas frescas de perejil empaquetadas

6 dientes de ajo pelados

2 cucharaditas de pimentón ahumado

2 cucharaditas de comino molido

1 cucharadita de cilantro molido

½ a 1 cucharadita de pimienta de cayena

Pizca de azafrán triturado (opcional)

½ taza de aceite de oliva extra virgen

Sal kosher, al gusto

Para las remolachas:

3 remolachas medianas, cortadas, peladas y cortadas en trozos de 1 pulgada

2 cucharadas de cilantro fresco picado

2 cucharadas de perejil fresco picado

1. En un procesador de alimentos, combine el cilantro, el perejil, el ajo, el pimentón, el comino, el cilantro y la pimienta de cayena. Pulse hasta que esté picado en trozos grandes. Agregue el azafrán, si lo usa, y procese

hasta que se combinen. Con el procesador de alimentos en funcionamiento, agregue lentamente el aceite de oliva en un flujo constante; procesa hasta que la salsa esté uniforme. Sazonar con sal.

2. Ajuste la temperatura del horno de la freidora a 375ºF (191ºC). Presione Iniciar para comenzar a precalentar.

3. En un tazón grande, rocíe las remolachas con ½ taza de chermoula para cubrir. Coloca las remolachas en la sartén perforada del horno freidora. Ase de 25 a minutos o hasta que las remolachas estén tiernas.

4. Transfiera las remolachas a una fuente para servir. Espolvorea con el cilantro picado y el perejil y sirve.

Espinaca cremosa y con queso

Tiempo de preparación: 10 minutos | Tiempo de cocción: 15 minutos | Para 4 personas

Spray de aceite vegetal

1 paquete (10 onzas / 283 g) de espinacas congeladas, descongeladas y exprimidas en seco

½ taza de cebolla picada

2 dientes de ajo picados

113 g (4 onzas) de queso crema, cortado en cubitos

½ cucharadita de nuez moscada molida

1 cucharadita de sal kosher

1 cucharadita de pimienta negra

½ taza de queso parmesano rallado

1. Ajuste la temperatura del horno de la freidora a 350ºF (177ºC). Presione Iniciar para comenzar a precalentar. Rocíe una sartén redonda resistente al calor con aceite vegetal en aerosol.

2. En un tazón mediano, combine la espinaca, la cebolla, el ajo, el queso crema, la nuez moscada, la sal y la pimienta. Transfiera a la sartén preparada.

3. Coloque la sartén en el horno freidora. Hornea por 10 minutos. Abra y revuelva para combinar bien el queso crema y las espinacas.

4. Espolvorea el queso parmesano encima. Hornee por 5 minutos, o hasta que el queso se derrita y se dore.

5. Servir caliente.

Ravioles de oro

Tiempo de preparación: 10 minutos | Tiempo de cocción: 6 minutos | Para 4 personas

½ taza de pan rallado panko

2 cucharaditas de levadura nutricional

1 cucharadita de albahaca seca

1 cucharadita de orégano seco

1 cucharadita de ajo en polvo

Sal y pimienta negra molida, al gusto.

¼ de taza de aquafaba

8 onzas (227 g) de ravioles

Spray para cocinar

1. Cubra la sartén perforada del horno de la freidora con papel de aluminio y cúbrala con una ligera brocha de aceite.

2. Fije la temperatura del horno de la freidora a 400ºF (204ºC). Presione Iniciar para comenzar a precalentar. Combine el pan rallado panko, la levadura nutricional, la albahaca, el orégano y el ajo en polvo. Espolvorea con sal y pimienta al gusto.

3. Pon la aquafaba en un recipiente aparte. Sumerja los ravioles en la aquafaba antes de cubrirlos con la mezcla de panko. Rocíe con aceite en aerosol y transfiera al horno freidora.

4. Freír al aire durante 6 minutos. Agite la sartén perforada del horno de la freidora hasta la mitad.

5. Servir caliente.

Judías Verdes con Chalota

Tiempo de preparación: 10 minutos | Tiempo de cocción: 10 minutos | Para 4 personas

680 g (1½ libras) de judías verdes francesas, sin tallos y blanqueadas

1 cucharada de sal

½ libra (227 g) de chalotas, peladas y cortadas en cuartos

½ cucharadita de pimienta blanca molida

2 cucharadas de aceite de oliva

1. Fije la temperatura del horno de la freidora a 400ºF (204ºC). Presione Iniciar para comenzar a precalentar.

2. Cubra las verduras con el resto de los ingredientes en un bol.

3. Transfiera a la sartén perforada del horno freidora y fría al aire durante 10 minutos, asegurándose de que las judías verdes adquieran un color marrón claro.

4. Servir caliente.

Exuberantes rollos de verano

Tiempo de preparación: 15 minutos | Tiempo de cocción: 15 minutos | Para 4 personas

1 taza de hongos shiitake, en rodajas finas

1 tallo de apio picado

1 zanahoria mediana, rallada

½ cucharadita de jengibre finamente picado

1 cucharadita de azucar

1 cucharada de salsa de soja

1 cucharadita de levadura nutricional

8 hojas de rollitos de primavera

1 cucharadita de maicena

2 cucharadas de agua

1. En un tazón, combine el jengibre, la salsa de soja, la levadura nutricional, las zanahorias, el apio, los hongos y el azúcar.

2. Mezcle la maicena y el agua para crear un adhesivo para los rollitos de primavera.

3. Coloque una cucharada de la mezcla de verduras en el medio de las hojas de rollitos de primavera. Cepille los bordes de las hojas con el adhesivo de maicena y ciérrelo alrededor del relleno para hacer rollitos de primavera.

4. Fije la temperatura del horno de la freidora a 400ºF (204ºC). Presione Iniciar para comenzar a precalentar. Cuando estén calientes, coloque los panecillos adentro y fríalos al aire durante 15 minutos o hasta que estén crujientes.

5. Servir caliente.

Asado de Verduras Exuberantes

Tiempo de preparación: 15 minutos | Tiempo de cocción: 20 minutos | Para 6

$1^1/_3$ taza de chirivías pequeñas, peladas y cortadas en cubos

1⅓ taza de apio

2 cebollas rojas, en rodajas

1⅓ taza de calabaza pequeña, cortada por la mitad, sin semillas y en cubos

1 cucharada de agujas de tomillo fresco

1 cucharada de aceite de oliva

Sal y pimienta negra molida, al gusto.

1. Fije la temperatura del horno de la freidora a 390ºF (199ºC). Presione Iniciar para comenzar a precalentar.

2. Combine las verduras cortadas con el tomillo, el aceite de oliva, la sal y la pimienta.

3. Coloque las verduras en la sartén perforada y transfiera la sartén al horno freidora.

4. Ase durante 20 minutos, revolviendo una vez durante el tiempo de asado, hasta que las verduras estén bien doradas y bien cocidas.

5. Sirva caliente.

Hongos Mascarpone

Tiempo de preparación: 10 minutos | Tiempo de cocción: 15 minutos | Para 4 personas

Spray de aceite vegetal

4 tazas de champiñones en rodajas

1 cebolla amarilla mediana, picada

2 dientes de ajo picados

¼ taza de crema batida espesa o mitad y mitad

8 onzas (227 g) de queso mascarpone

1 cucharadita de tomillo seco

1 cucharadita de sal kosher

1 cucharadita de pimienta negra

½ cucharadita de hojuelas de pimiento rojo

4 tazas de fideos konjac cocidos, arroz de coliflor, linguini o espaguetis, para servir

½ taza de queso parmesano rallado

1. Ajuste la temperatura del horno de la freidora a 350ºF (177ºC). Presione Iniciar para comenzar a precalentar. Rocíe una sartén redonda resistente al calor con aceite vegetal en aerosol.

2. En un tazón mediano, combine los champiñones, la cebolla, el ajo, la crema, el mascarpone, el tomillo, la sal, la pimienta negra y las hojuelas de pimiento rojo. Revuelve para combinar. Transfiera la mezcla a la sartén preparada.

3. Coloque la sartén en el horno freidora. Hornee por 15 minutos, revolviendo a la mitad del tiempo de horneado.

4. Divida la pasta en cuatro tazones poco profundos. Vierta la mezcla de champiñones uniformemente sobre la pasta. Espolvoree con queso parmesano y sirva.

Verduras fritas al aire mediterráneo

Tiempo de preparación: 10 minutos | Tiempo de cocción: 6 minutos | Para 4 personas

1 calabacín grande, en rodajas

1 taza de tomates cherry, cortados por la mitad

1 chirivía, en rodajas

1 pimiento verde cortado en rodajas

1 zanahoria en rodajas

1 cucharadita de hierbas mixtas

1 cucharadita de mostaza

1 cucharadita de puré de ajo

6 cucharadas de aceite de oliva

Sal y pimienta negra molida, al gusto.

1. Fije la temperatura del horno de la freidora a 400ºF (204ºC). Presione Iniciar para comenzar a precalentar.

2. Combine todos los ingredientes en un bol, asegurándose de cubrir bien las verduras.

3. Transfiera al horno de la freidora y fría al aire durante 6 minutos, asegurándose de que las verduras estén tiernas y doradas.

4. Servir inmediatamente.

Cuadrados de pizza de champiñones y pimientos

Tiempo de preparación: 10 minutos | Tiempo de cocción: 10 minutos | Para 10 porciones

1 masa de pizza, cortada en cuadritos

1 taza de champiñones ostra, picados

1 chalota picada

¼ de pimiento rojo picado

2 cucharadas de perejil

Sal y pimienta negra molida, al gusto.

1. Fije la temperatura del horno de la freidora a 400ºF (204ºC). Presione Iniciar para comenzar a precalentar.

2. En un bol, combine los hongos ostra, la chalota, el pimiento morrón y el perejil. Espolvoree un poco de sal y pimienta al gusto.

3. Extienda esta mezcla sobre los cuadrados de pizza.

4. Hornee en el horno freidora durante 10 minutos.

5. Sirva caliente.

Patatas con Calabacines

Tiempo de preparación: 10 minutos | Tiempo de cocción: 45 minutos | Para 4 personas

2 patatas, peladas y en cubos

4 zanahorias, cortadas en trozos

1 cabeza de brócoli, cortada en floretes

4 calabacines, cortados en rodajas gruesas

Sal y pimienta negra molida, al gusto.

¼ taza de aceite de oliva

1 cucharada de cebolla seca en polvo

1. Fije la temperatura del horno de la freidora a 400ºF (204ºC). Presione Iniciar para comenzar a precalentar.

2. En una fuente para horno, agregue todos los ingredientes y combine bien.

3. Hornee durante 45 minutos en el horno de la freidora, asegurándose de que las verduras estén suaves y los lados se hayan dorado antes de servir.

Ratatouille

Tiempo de preparación: 20 minutos | Tiempo de cocción: 25 minutos | Para 4 personas

1 ramita de albahaca

1 ramita de perejil de hoja plana

1 ramita de menta

1 cucharada de cilantro en polvo

1 cucharadita de alcaparras

½ limón, exprimido

Sal y pimienta negra molida, al gusto.

2 berenjenas, cortadas transversalmente

2 cebollas rojas picadas

4 dientes de ajo picados

2 pimientos rojos, cortados transversalmente

1 bulbo de hinojo, cortado transversalmente

3 calabacines grandes, cortados transversalmente

5 cucharadas de aceite de oliva

4 tomates grandes, picados

2 cucharaditas de hierbas provenzales

1. Licuar la albahaca, el perejil, el cilantro, la menta, el jugo de limón y las alcaparras, con un poco de sal y pimienta. Asegúrese de que todos los ingredientes estén bien incorporados.

2. Fije la temperatura del horno de la freidora a 400ºF (204ºC). Presione Iniciar para comenzar a precalentar.

3. Cubra la berenjena, la cebolla, el ajo, los pimientos, el hinojo y el calabacín con aceite de oliva.

4. Tome una fuente para hornear lo suficientemente pequeña como para caber dentro del horno de la freidora. Transfiera las verduras a una fuente para horno y cubra con los tomates y el puré de hierbas. Espolvorear con más sal y pimienta y las hierbas de Provenza.

5. Freír al aire durante 25 minutos.

6. Servir inmediatamente.

Cuenco de arroz y berenjena

Tiempo de preparación: 15 minutos | Tiempo de cocción: 10 minutos | Para 4 personas

¼ de taza de pepino en rodajas

1 cucharadita de sal

1 cucharada de azucar

7 cucharadas de vinagre de arroz japonés

3 berenjenas medianas, en rodajas

3 cucharadas de pasta de miso blanco dulce

1 cucharada de vino de arroz mirin

4 tazas de arroz para sushi cocido

4 cebolletas

1 cucharada de ajonjolí tostado

1. Cubra las rodajas de pepino con el vinagre de vino de arroz, la sal y el azúcar.

2. Ponga un plato encima del bol para apelmazarlo por completo.

3. En un bol mezclar las berenjenas, el vino de arroz mirin y la pasta de miso. Deje macerar durante media hora.

4. Fije la temperatura del horno de la freidora a 400ºF (204ºC). Presione Iniciar para comenzar a precalentar.

5. Coloque las rodajas de berenjena en el horno de la freidora y fría durante 10 minutos.

6. Llene el fondo de un tazón para servir con arroz y cubra con las berenjenas y los pepinos encurtidos.

7. Agregue las cebolletas y las semillas de sésamo para decorar. Servir inmediatamente.

Gratinado De Patatas Rojizas

Tiempo de preparación: 10 minutos | Tiempo de cocción: 35 minutos | Para 6

½ taza de leche

7 papas rojas medianas, peladas

Sal al gusto

1 cucharadita de pimienta negra

½ taza de crema batida espesa

½ taza de queso semicurado rallado

½ cucharadita de nuez moscada

1. Fije la temperatura del horno de la freidora a 390ºF (199ºC). Presione Iniciar para comenzar a precalentar.
2. Corta las patatas en rodajas finas como una oblea.
3. En un bol, combine la leche y la nata y espolvoree con sal, pimienta y nuez moscada.
4. Usa la mezcla de leche para cubrir las rodajas de papa. Poner en una fuente para hornear. Cubra las papas con el resto de la mezcla de leche.
5. Coloque la fuente para hornear en la bandeja perforada del horno freidora y hornee por 25 minutos.
6. Vierta el queso sobre las patatas.

7. Hornee por 10 minutos adicionales, asegurándose de que la parte superior esté bien dorada antes de servir.

Asado de coliflor picante

Tiempo de preparación: 15 minutos | Tiempo de cocción: 20 minutos | Para 4 personas

Para la coliflor:

5 tazas de floretes de coliflor

3 cucharadas de aceite vegetal

½ cucharadita de comino molido

½ cucharadita de cilantro molido

½ cucharadita de sal kosher

Para la salsa:

½ taza de yogur griego o crema agria

¼ taza de cilantro fresco picado

1 jalapeño, picado grueso

4 dientes de ajo pelados

½ cucharadita de sal kosher

2 cucharadas de agua

1. Fije la temperatura del horno de la freidora a 400ºF (204ºC). Presione Iniciar para comenzar a precalentar.

2. En un tazón grande, combine la coliflor, el aceite, el comino, el cilantro y la sal. Mezcle para cubrir.

3. Coloque la coliflor en la sartén perforada del horno de la freidora. Ase durante 20 minutos, revolviendo a la mitad del tiempo de asado.

4. Mientras tanto, en una licuadora, combine el yogur, el cilantro, el jalapeño, el ajo y la sal. Licue, agregando el agua según sea necesario para mantener las cuchillas en movimiento y diluir la salsa.

5. Al final del tiempo de asado, transfiera la coliflor a un tazón grande para servir. Vierta la salsa y revuelva suavemente para cubrir. Servir inmediatamente.

Hamburguesa Super Vegetal

Tiempo de preparación: 15 minutos | Tiempo de cocción: 12 minutos | Para 8 porciones

½ libra (227 g) de coliflor, al vapor y cortada en cubitos, enjuagada y escurrida

2 cucharaditas de aceite de coco derretido

2 cucharaditas de ajo picado

¼ de taza de coco desecado

½ taza de avena

3 cucharadas de harina

1 cucharada de semillas de lino más 3 cucharadas de agua, divididas

1 cucharadita de mostaza en polvo

2 cucharaditas de tomillo

2 cucharaditas de perejil

2 cucharaditas de cebollino

Sal y pimienta negra molida, al gusto.

1 taza de pan rallado

1. Fije la temperatura del horno de la freidora a 390ºF (199ºC). Presione Iniciar para comenzar a precalentar.
2. Combina la coliflor con todos los ingredientes, excepto el pan rallado, incorporando todo bien.
3. Con las manos, forme 8 cantidades iguales de la mezcla en hamburguesas. Cubra las empanadas en pan rallado antes de ponerlas en la sartén perforada del horno de la freidora en una sola capa.
4. Fríe al aire durante 12 minutos o hasta que esté crujiente.
5. Servir caliente.

Rollos Super Vegetales

Tiempo de preparación: 20 minutos | Tiempo de cocción: 10 minutos | Para 6

2 papas, machacadas

¼ taza de guisantes

¼ de taza de puré de zanahorias

1 repollo pequeño, en rodajas

¼ taza de frijoles

2 cucharadas de maíz dulce

1 cebolla pequeña picada

½ taza de pan rallado

1 paquete de rollos de primavera

½ taza de lechada de maicena

1. Fije la temperatura del horno de la freidora a 390ºF (199ºC). Presione Iniciar para comenzar a precalentar.

2. Hervir todas las verduras en agua a fuego lento. Enjuague y deje secar.

3. Desenrolle las hojas de rollitos de primavera y coloque cantidades iguales de vegetales en el centro de cada uno. Doblar en rollitos de primavera y cubrir cada uno con la mezcla y el pan rallado.

4. Fríe al aire los rollos en el horno freidora precalentado durante 10 minutos.

5. Sirva caliente.

Patatas Dulces con Tofu

Tiempo de preparación: 15 minutos | Tiempo de cocción: 35 minutos | Para 8 porciones

8 batatas, lavadas

2 cucharadas de aceite de oliva

1 cebolla grande picada

2 chiles verdes, sin semillas y picados

8 onzas (227 g) de tofu, desmenuzado

2 cucharadas de condimento cajún

1 taza de tomates

1 lata de frijoles, escurridos y enjuagados

Sal y pimienta negra molida, al gusto.

1. Fije la temperatura del horno de la freidora a 400ºF (204ºC). Presione Iniciar para comenzar a precalentar.

2. Con un cuchillo, perforar la piel de las batatas y freír al aire en el horno freidora durante 30 minutos o hasta que estén blandas.

3. Retire del horno de la freidora, corte a la mitad cada papa y déjela a un lado.

4. A fuego medio, sofreír las cebollas y los chiles en el aceite de oliva en una sartén durante 2 minutos hasta que estén fragantes.

5. Agregue el tofu y el condimento cajún y fría durante 3 minutos más antes de incorporar los frijoles y los tomates. Espolvoree un poco de sal y pimienta si lo desea.

6. Cubra cada mitad de camote con una cucharada de la mezcla de tofu y sirva.

Patatas Dulces con Calabacín

Tiempo de preparación: 20 minutos | Tiempo de cocción: 20 minutos | Para 4 personas

2 batatas grandes, peladas y cortadas en cuartos

1 calabacín mediano, en rodajas

1 chile serrano, sin pepitas y en rodajas finas

1 pimiento morrón, sin pepitas y en rodajas finas

1 a 2 zanahorias, cortadas en palitos

¼ taza de aceite de oliva

1½ cucharadas de sirope de arce

½ cucharadita de porcini en polvo

¼ de cucharadita de mostaza en polvo

½ cucharadita de semillas de hinojo

1 cucharada de ajo en polvo

½ cucharadita de sal marina fina

¼ de cucharadita de pimienta negra molida

Ketchup de tomate, para servir

1. Coloque las batatas, el calabacín, los pimientos y la zanahoria en la sartén perforada del horno de la freidora. Cubrir con un chorrito de aceite de oliva.

2. Ajuste la temperatura del horno de la freidora a 350ºF (177ºC). Presione Iniciar para comenzar a precalentar.

3. Fríe las verduras al aire durante 15 minutos.

4. Mientras tanto, prepare la salsa combinando vigorosamente los otros ingredientes, excepto el ketchup, con un batidor.

5. Engrase ligeramente una fuente para hornear lo suficientemente pequeña como para caber dentro del horno de la freidora.

6. Transfiera las verduras cocidas a la fuente para hornear, vierta sobre la salsa y cubra bien las verduras.

7. Aumenta la temperatura a 390ºF (199ºC) y fríe las verduras al aire por 5 minutos más.

8. Sirva caliente con una guarnición de salsa de tomate.

Espárragos Fritos al Aire

Tiempo de preparación: 5 minutos | Tiempo de cocción: 5 minutos | Para 4 personas

454 g (1 libra) de espárragos frescos, recortados

1 cucharada de aceite de oliva

Sal y pimienta negra molida, al gusto.

1. Ajuste la temperatura del horno de la freidora a 375ºF (191ºC). Presione Iniciar para comenzar a precalentar.

2. Combine todos los ingredientes y transfiera al horno freidora.

3. Fríe al aire durante 5 minutos o hasta que esté suave.

4. Servir caliente.

Coles de Bruselas fritas al aire

Tiempo de preparación: 5 minutos | Tiempo de cocción: 10 minutos | Sirve 1

1 libra (454 g) de coles de Bruselas

1 cucharada de aceite de coco derretido

1 cucharada de mantequilla sin sal, derretida

1. Fije la temperatura del horno de la freidora a 400ºF (204ºC). Presione Iniciar para comenzar a precalentar.

2. Prepara las coles de Bruselas partiéndolas por la mitad y desechando las hojas sueltas.

3. Combine con el aceite de coco derretido y transfiera a la sartén perforada del horno de la freidora.

4. Freír al aire durante 10 minutos, agitando bien la sartén perforada durante el tiempo de fritura para que se doren si lo desea.

5. Los brotes están listos cuando están parcialmente caramelizados. Sácalos del horno de la freidora y sírvelos con una capa de mantequilla derretida antes de servir.

Patatas Fritas al Aire con Aceitunas

Tiempo de preparación: 15 minutos | Tiempo de cocción: 40 minutos | Sirve 1

1 papa mediana rojiza, lavada y pelada

1 cucharadita de aceite de oliva

¼ de cucharadita de cebolla en polvo

⅛ cucharadita de sal

Una cucharada de mantequilla

Cucharada de queso crema

1 cucharada de aceitunas Kalamata

1 cucharada de cebollino picado

1. Fije la temperatura del horno de la freidora a 400ºF (204ºC). Presione Iniciar para comenzar a precalentar.

2. En un bol, cubra las patatas con la cebolla en polvo, la sal, el aceite de oliva y la mantequilla.

3. Transfiera al horno de freidora y fría al aire durante 40 minutos, volteando las papas a la mitad.

4. Tenga cuidado al sacar las papas del horno de la freidora y sírvalas con el queso crema, las aceitunas Kalamata y las cebolletas encima.

Tater Tots De Coliflor

Tiempo de preparación: 15 minutos | Tiempo de cocción: 16 minutos | Para 12 personas

1 libra (454 g) de coliflor, al vapor y picada

½ taza de levadura nutricional

1 cucharada de avena

1 cucharada de cocos desecados más 3 cucharadas de harina de linaza más 3 cucharadas de agua

1 cebolla picada

1 cucharadita de ajo picado

1 cucharadita de perejil picado

1 cucharadita de orégano picado

1 cucharadita de cebollino picado

Sal y pimienta negra molida, al gusto.

½ taza de pan rallado

1. Fije la temperatura del horno de la freidora a 390ºF (199ºC). Presione Iniciar para comenzar a precalentar.

2. Escurre el exceso de agua de la coliflor exprimiéndola con una toalla de papel.

3. En un bol, combine la coliflor con los ingredientes restantes, guarde el pan rallado. Con las manos, forme con la mezcla varias bolitas.

4. Cubra las bolas con el pan rallado y transfiéralas a la sartén perforada del horno freidora. Fríe al aire durante 6 minutos, luego sube la temperatura a 400ºF (204ºC) y luego fríe al aire durante 10 minutos más.

5. Servir inmediatamente.

Bolas de macarrones con queso

Tiempo de preparación: 10 minutos | Tiempo de cocción: 10 minutos | 2 porciones

2 tazas de macarrones sobrantes

1 taza de queso cheddar rallado

½ taza de harina

1 taza de pan rallado

3 huevos grandes

1 taza de leche

½ cucharadita de sal

¼ de cucharadita de pimienta negra

1. Fije la temperatura del horno de la freidora a 365ºF (185ºC). Presione Iniciar para comenzar a precalentar.

2. En un tazón, combine los macarrones sobrantes y el queso rallado.

3. Vierta la harina en un recipiente aparte. Ponga el pan rallado en un tercer tazón. Finalmente, en un cuarto bol, mezcla los huevos y la leche con un batidor.

4. Con una bola de helado, cree bolas con la mezcla de macarrones. Cubrirlos con la harina, luego con la mezcla de huevo y por último con el pan rallado.

5. Coloca las bolas en el horno de la freidora precalentada y fríe al aire durante unos 10 minutos, revolviéndolas de vez en cuando. Asegúrese de que estén bien crujientes.

6. Servir caliente.

Patatas alevines de chile

Tiempo de preparación: 10 minutos | Tiempo de cocción: 16 minutos | Para 4 personas

454 g (1 libra) de papas alevines, enjuagadas y cortadas en gajos

1 cucharadita de aceite de oliva

1 cucharadita de sal

1 cucharadita de pimienta negra

1 cucharadita de pimienta de cayena

1 cucharadita de levadura nutricional

½ cucharadita de ajo en polvo

1. Fije la temperatura del horno de la freidora a 400ºF (204ºC). Presione Iniciar para comenzar a precalentar.
2. Cubre las patatas con el resto de los ingredientes.
3. Transfiera a la sartén perforada del horno freidora y fría al aire durante 16 minutos, agitando la sartén perforada en el punto medio.
4. Servir inmediatamente.

Pakodas de maíz

Tiempo de preparación: 10 minutos | Tiempo de cocción: 8 minutos | Para 5 porciones

1 taza de harina

¼ de cucharadita de bicarbonato de sodio

¼ de cucharadita de sal

½ cucharadita de curry en polvo

½ cucharadita de chile rojo en polvo

¼ de cucharadita de cúrcuma en polvo

¼ de taza de agua

10 mazorcas de maíz tierno, blanqueadas

Spray para cocinar

1. Ajuste la temperatura del horno de la freidora a 425ºF (218ºC). Presione Iniciar para comenzar a precalentar.

2. Cubra la sartén perforada del horno de la freidora con papel de aluminio y rocíe con aceite en aerosol.

3. En un bol, combine todos los ingredientes excepto el maíz. Revuelva con un batidor hasta que esté bien combinado.

4. Rebozar el maíz en la masa y poner en el molde perforado.

5. Freír al aire durante 8 minutos hasta que se logre un color marrón dorado.

6. Servir caliente.

Garbanzos crujientes

Tiempo de preparación: 5 minutos | Tiempo de cocción: 15 minutos | Para 4 personas

1 lata (15 onzas / 425 g) de garbanzos, escurridos pero sin enjuagar

2 cucharadas de aceite de oliva

1 cucharadita de sal

2 cucharadas de jugo de limón

1. Fije la temperatura del horno de la freidora a 400ºF (204ºC). Presione Iniciar para comenzar a precalentar.

2. Agregue todos los ingredientes en un bol y mezcle. Transfiera esta mezcla a la sartén perforada del horno freidora.

3. Fríe al aire durante 15 minutos, asegurándote de que los garbanzos se vuelvan agradables y crujientes.

4. Servir inmediatamente.

Papas fritas crujientes de jícama

Tiempo de preparación: 5 minutos | Tiempo de cocción: 20 minutos | Sirve 1

1 jícama pequeña, pelada

¼ de cucharadita de cebolla en polvo

¾ cucharadita de chile en polvo

¼ de cucharadita de ajo en polvo

¼ de cucharadita de pimienta negra molida

1. Ajuste la temperatura del horno de la freidora a 350ºF (177ºC). Presione Iniciar para comenzar a precalentar.

2. Para hacer las patatas fritas, corta la jícama en palitos del grosor deseado.

3. En un tazón, mézclelos con la cebolla en polvo, el chile en polvo, el ajo en polvo y la pimienta negra para cubrirlos. Transfiera las papas fritas a la sartén perforada del horno freidora.

4. Fríe al aire durante 20 minutos, agitando ocasionalmente la sartén perforada durante el proceso de cocción. Las patatas fritas estarán listas cuando estén calientes y doradas.

5. Servir inmediatamente.

Croquetas de patata fáciles

Tiempo de preparación: 15 minutos | Tiempo de cocción: 15 minutos | Para 10 porciones

¼ taza de levadura nutricional

2 tazas de papas hervidas, trituradas

1 huevo de lino (1 cucharada de harina de linaza más 3 cucharadas de agua)

1 cucharada de harina

2 cucharadas de cebolletas picadas

Sal y pimienta negra molida, al gusto.

2 cucharadas de aceite vegetal

¼ de taza de pan rallado

1. Fije la temperatura del horno de la freidora a 400ºF (204ºC). Presione Iniciar para comenzar a precalentar.

2. En un tazón, combine la levadura nutricional, las papas, el huevo de lino, la harina y el cebollino. Espolvoree con sal y pimienta al gusto.

3. En un recipiente aparte, mezcle el aceite vegetal y el pan rallado para lograr una consistencia desmenuzable.

4. Forme bolitas con la mezcla de patatas y sumerja cada una en la mezcla de pan rallado.

5. Coloca las croquetas en el horno de la freidora y fríe al aire durante 15 minutos, asegurándote de que las croquetas se doren.

6. Servir inmediatamente.

Judías verdes fáciles con romero

Tiempo de preparación: 5 minutos | Tiempo de cocción: 5 minutos | Sirve 1

1 cucharada de mantequilla derretida

2 cucharadas de romero

½ cucharadita de sal

3 dientes de ajo picados

¾ taza de ejotes, picados

1. Fije la temperatura del horno de la freidora a 390ºF (199ºC). Presione Iniciar para comenzar a precalentar.

2. Combine la mantequilla derretida con el romero, la sal y el ajo picado. Agregue las judías verdes, cubriéndolas bien.

3. Freír al aire durante 5 minutos.

4. Servir inmediatamente.

Ensalada de higos, garbanzos y rúcula

Tiempo de preparación: 15 minutos | Tiempo de cocción: 20 minutos | Para 4 personas

8 higos frescos, cortados por la mitad

1½ tazas de garbanzos cocidos

1 cucharadita de semillas de comino tostadas y trituradas

4 cucharadas de vinagre balsámico

2 cucharadas de aceite de oliva extra virgen, y más para engrasar

Sal y pimienta negra molida, al gusto.

3 tazas de rúcula de rúcula, lavada y seca

1. Ajuste la temperatura del horno de la freidora a 375ºF (191ºC). Presione Iniciar para comenzar a precalentar.

2. Cubra la sartén perforada del horno de la freidora con papel de aluminio y engrase ligeramente con aceite. Poner los higos en la sartén perforada y freír al aire durante 10 minutos.

3. En un bol, combine los garbanzos y las semillas de comino.

4. Retire los higos fritos del horno de la freidora y reemplácelos con los garbanzos. Freír al aire durante 10 minutos. Dejar enfriar.

5. Mientras tanto, prepare el aderezo. Mezclar el vinagre balsámico, el aceite de oliva, la sal y la pimienta.

6. En una ensaladera combine la rúcula con los higos y garbanzos enfriados.

7. Mezcle con la salsa y sirva.

Encurtidos dorados

Tiempo de preparación: 10 minutos | Tiempo de cocción: 15 minutos | Para 4 personas

14 encurtidos de eneldo, en rodajas

¼ de taza de harina

⅛ cucharadita de levadura en polvo

Pizca de sal

2 cucharadas de maicena más 3 cucharadas de agua

6 cucharadas de pan rallado panko

½ cucharadita de pimentón

Spray para cocinar

1. Fije la temperatura del horno de la freidora a 400ºF (204ºC). Presione Iniciar para comenzar a precalentar.

2. Escurre el exceso de humedad de los pepinillos en vinagre con una toalla de papel.

3. En un bol, combine la harina, el polvo de hornear y la sal.

4. Agregue la mezcla de maicena y agua y combine bien con un batidor.

5. Coloque las migas de pan panko en un plato poco profundo junto con el pimentón. Mezclar bien.

6. Sumerja los pepinillos en la masa de harina, antes de cubrirlos con el pan rallado. Rocía todos los encurtidos con el aceite en aerosol.

7. Transfiera al horno de la freidora y fría al aire durante 15 minutos, o hasta que estén doradas.

8. Servir inmediatamente.

Rábanos con hierbas

Tiempo de preparación: 5 minutos | Tiempo de cocción: 10 minutos | 2 porciones

454 g (1 libra) de rábanos

2 cucharadas de mantequilla sin sal, derretida

¼ de cucharadita de orégano seco

½ cucharadita de perejil seco

½ cucharadita de ajo en polvo

1. Ajuste la temperatura del horno de la freidora a 350ºF (177ºC). Presione Iniciar para comenzar a precalentar. Prepara los rábanos cortándoles la parte superior e inferior y cortándolos en cuartos.

2. En un tazón, combine la mantequilla, el orégano seco, el perejil seco y el ajo en polvo. Mezcle con los rábanos para cubrir.

3. Transfiera los rábanos a la sartén perforada del horno de freidora y fríalos al aire durante 10 minutos, agitando la sartén perforada en el punto medio para asegurar que los rábanos se fríen al aire de manera uniforme. Los rábanos estarán listos cuando se pongan marrones.

4. Servir inmediatamente.

Falafel de limón

Tiempo de preparación: 15 minutos | Tiempo de cocción: 15 minutos | Para 8 porciones

1 cucharadita de semillas de comino

½ cucharadita de semillas de cilantro

2 tazas de garbanzos, escurridos y enjuagados

½ cucharadita de hojuelas de pimiento rojo

3 dientes de ajo

¼ taza de perejil picado

¼ de taza de cilantro picado

½ cebolla picada

1 cucharada de jugo de limón recién exprimido

3 cucharadas de harina

½ cucharadita de sal

Spray para cocinar

1. Freír el comino y las semillas de cilantro a fuego medio hasta que estén fragantes.

2. Triturar con mortero y mano.

3. Coloque todos los ingredientes, excepto el aceite en aerosol, en un procesador de alimentos y mezcle hasta obtener una consistencia fina.

4. Utilice las manos para moldear la mezcla en falafels y rocíe con el aceite en aerosol.

5. Fije la temperatura del horno de la freidora a 400ºF (204ºC). Presione Iniciar para comenzar a precalentar.

6. Transfiera los falafels al horno freidora en una capa.

7. Freír al aire durante 15 minutos, sirviendo cuando se doren.

Patata con Queso Cremoso

Tiempo de preparación: 5 minutos | Tiempo de cocción: 15 minutos | 2 porciones

2 patatas medianas

1 cucharadita de mantequilla

3 cucharadas de crema agria

1 cucharadita de cebollino

1½ cucharadas de queso parmesano rallado

Sal y pimienta negra molida, al gusto.

1. Ajuste la temperatura del horno de la freidora a 350ºF (177ºC). Presione Iniciar para comenzar a precalentar.

2. Pincha las patatas con un tenedor y hiérvelas en agua hasta que estén cocidas.

3. Transfiera al horno de freidora y fría al aire durante 15 minutos.

4. Mientras tanto, combine la crema agria, el queso y las cebolletas en un tazón. Corta las patatas a la mitad para abrirlas y rellénalas con la mezcla de mantequilla y crema agria.

5. Servir inmediatamente.

Rebanadas de berenjena asada

Tiempo de preparación: 5 minutos | Tiempo de cocción: 15 minutos | Sirve 1

1 berenjena grande, en rodajas

2 cucharadas de aceite de oliva

¼ de cucharadita de sal

½ cucharadita de ajo en polvo

1. Fije la temperatura del horno de la freidora a 390ºF (199ºC). Presione Iniciar para comenzar a precalentar.

2. Aplicar el aceite de oliva a las rodajas con un pincel, cubriendo ambos lados. Sazone cada lado con una pizca de sal y ajo en polvo.

3. Coloque las rodajas en el horno de la freidora y ase durante 15 minutos.

4. Servir inmediatamente.

Brócoli al limón asado

Tiempo de preparación: 5 minutos | Tiempo de cocción: 15 minutos | Para 6

2 cabezas de brócoli, cortado en floretes

2 cucharaditas de aceite de oliva extra virgen, y más para cubrir

1 cucharadita de sal

½ cucharadita de pimienta negra

1 diente de ajo picado

½ cucharadita de jugo de limón

1. Cubra la sartén perforada del horno de la freidora con papel de aluminio y cúbrala con una ligera brocha de aceite.

2. Ajuste la temperatura del horno de la freidora a 375ºF (191ºC). Presione Iniciar para comenzar a precalentar.

3. En un tazón, combine todos los ingredientes excepto el jugo de limón y transfiera a la sartén perforada. Ase durante 15 minutos.

4. Sirve con el jugo de limón.

Patatas Asadas y Espárragos

Tiempo de preparación: 5 minutos | Tiempo de cocción: 23 minutos | Para 4 personas

4 patatas medianas

1 manojo de espárragos

⅓ taza de requesón

⅓ taza de crema fresca baja en grasa

1 cucharada de mostaza integral

Sal y pimienta para probar

Cocinar en aerosol

1. Engrase la sartén perforada en el horno de la freidora y ajuste la temperatura a 390ºF (199ºC). Presione Iniciar para comenzar a precalentar.

2. Fríe las patatas al aire en el horno freidora durante 20 minutos.

3. Hervir los espárragos en agua con sal durante 3 minutos.

4. Retirar las patatas y triturarlas con el resto de los ingredientes. Espolvorear con sal y pimienta.

5. Servir inmediatamente.

Frijoles de cera salada

Tiempo de preparación: 10 minutos | Tiempo de cocción: 7 minutos | Para 4 personas

½ taza de harina

1 cucharadita de polvo de chipotle ahumado

½ cucharadita de pimienta negra molida

1 cucharadita de hojuelas de sal marina

2 huevos batidos

½ taza de galletas saladas trituradas

283 g (10 onzas) de frijoles de cera

Spray para cocinar

1. Ajuste la temperatura del horno de la freidora a 360ºF (182ºC). Presione Iniciar para comenzar a precalentar.

2. Combine la harina, el chipotle en polvo, la pimienta negra y la sal en un bol. Ponga los huevos en un segundo tazón. Ponga las galletas saladas trituradas en un tercer tazón.

3. Lave los frijoles con agua fría y deseche los hilos duros.

4. Cubra los frijoles con la mezcla de harina, antes de sumergirlos en el huevo batido. Cúbrelos con las galletas saladas trituradas.

5. Rocía los frijoles con aceite en aerosol.

6. Freír al aire en la sartén perforada del horno freidora durante 4 minutos. Agite bien la sartén perforada y continúe friendo al aire durante 3 minutos. Servir caliente.

Taj de sésamo tofu

Tiempo de preparación: 5 minutos | Tiempo de cocción: 25 minutos | Para 4 personas

1 bloque de tofu firme, prensado y cortado en cubos de 1 pulgada de grosor

2 cucharadas de salsa de soja

2 cucharaditas de semillas de sésamo tostadas

1 cucharadita de vinagre de arroz

1 cucharada de maicena

1. Fije la temperatura del horno de la freidora a 400ºF (204ºC). Presione Iniciar para comenzar a precalentar.

2. Agregue el tofu, la salsa de soja, las semillas de sésamo y el vinagre de arroz en un tazón y mezcle bien para cubrir los cubos de tofu. Luego cubra el tofu en maicena y póngalo en la sartén perforada del horno freidora.

3. Fríe al aire durante 25 minutos, agitando la sartén perforada a intervalos de cinco minutos para garantizar que el tofu se cocine de manera uniforme.

4. Servir inmediatamente.

Coliflor simple de búfalo

Tiempo de preparación: 5 minutos | Tiempo de cocción: 5 minutos | Sirve 1

½ paquete de condimento ranchero seco

2 cucharadas de mantequilla con sal, derretida

1 taza de floretes de coliflor

¼ taza de salsa de búfalo

1. Fije la temperatura del horno de la freidora a 400ºF (204ºC). Presione Iniciar para comenzar a precalentar.

2. En un tazón, combine el condimento ranchero seco y la mantequilla. Mezcle con los floretes de coliflor para cubrirlos y transfiéralos al horno de la freidora.

3. Ase durante 5 minutos, agitando la bandeja perforada de vez en cuando para asegurarse de que los floretes se tuesten de manera uniforme.

4. Retire la coliflor del horno de la freidora, vierta la salsa de búfalo sobre ella y sirva.

Ñoquis sencillos al pesto

Tiempo de preparación: 10 minutos | Tiempo de cocción: 15 minutos | Para 4 personas

1 paquete (1 libra / 454 g) de ñoquis

1 cebolla mediana picada

3 dientes de ajo picados

1 cucharada de aceite de oliva extra virgen

1 frasco (de 8 onzas / 227 g) de pesto

⅓ taza de queso parmesano rallado

1. Fije la temperatura del horno de la freidora a 340ºF (171ºC). Presione Iniciar para comenzar a precalentar.

2. En un tazón grande combine la cebolla, el ajo y los ñoquis y rocíe con el aceite de oliva. Mezclar bien.

3. Transfiera la mezcla al horno de la freidora y fría al aire durante 15 minutos, revolviendo ocasionalmente, asegurándose de que los ñoquis se pongan de color marrón claro y crujientes.

4. Agrega el pesto y el queso parmesano, y revuelve todo bien antes de servir.

Coliflor Dorada Sriracha

Tiempo de preparación: 5 minutos | Tiempo de cocción: 17 minutos | Para 4 personas

¼ taza de mantequilla vegana derretida

¼ taza de salsa sriracha

4 tazas de floretes de coliflor

1 taza de pan rallado

1 cucharadita de sal

1. Ajuste la temperatura del horno de la freidora a 375ºF (191ºC). Presione Iniciar para comenzar a precalentar.

2. Mezcla la sriracha y la mantequilla vegana en un bol y vierte esta mezcla sobre la coliflor, cuidando de cubrir cada florete por completo.

3. En un recipiente aparte, combine el pan rallado y la sal.

4. Sumerja los floretes de coliflor en el pan rallado, cubriendo bien cada uno. Fríe al aire en el horno de la freidora durante 17 minutos.

5. Servir caliente.

Tofu agridulce

Tiempo de preparación: 15 minutos | Tiempo de cocción: 20 minutos | 2 porciones

2 cucharaditas de vinagre de sidra de manzana

1 cucharada de azucar

1 cucharada de salsa de soja

3 cucharaditas de jugo de lima

1 cucharadita de jengibre molido

1 cucharadita de ajo en polvo

½ bloque de tofu firme, prensado para eliminar el exceso de líquido y cortado en cubos

1 cucharadita de maicena

2 cebollas verdes picadas

Semillas de sésamo tostadas, para decorar

1. En un tazón, combine bien el vinagre de sidra de manzana, el azúcar, la salsa de soja, el jugo de lima, el jengibre molido y el ajo en polvo.

2. Cubrir el tofu con esta mezcla y dejar macerar durante al menos 30 minutos.

3. Fije la temperatura del horno de la freidora a 400ºF (204ºC). Presione Iniciar para comenzar a precalentar.

4. Transfiera el tofu al horno de la freidora, manteniendo el exceso de adobo para la salsa. Fríe al aire durante 20 minutos o hasta que esté crujiente.

5. Mientras tanto, espesa la salsa con la maicena a fuego medio-bajo.

6. Sirve el tofu cocido con la salsa, las cebolletas y las semillas de sésamo.

Patatas dulces fritas

Tiempo de preparación: 5 minutos | Tiempo de cocción: 25 minutos | Para 4 personas

2 libras (907 g) de batatas, enjuagadas y cortadas en palitos de fósforo

1 cucharadita de curry en polvo

2 cucharadas de aceite de oliva

Sal al gusto

1. Fije la temperatura del horno de la freidora a 390ºF (199ºC). Presione Iniciar para comenzar a precalentar.

2. Rocíe el aceite en la sartén perforada, coloque las papas fritas adentro y hornee por 25 minutos.

3. Espolvorea con curry en polvo y sal antes de servir.

Bocaditos de tofu

Tiempo de preparación: 15 minutos | Tiempo de cocción: 30 minutos | Para 4 personas

1 tofu firme envasado, cortado en cubos y prensado para eliminar el exceso de agua

1 cucharada de salsa de soja

1 cucharada de salsa de tomate

1 cucharada de sirope de arce

½ cucharadita de vinagre

1 cucharadita de humo líquido

1 cucharadita de salsa picante

2 cucharadas de ajonjolí

1 cucharadita de ajo en polvo

Sal y pimienta negra molida, al gusto.

Spray para cocinar

1. Ajuste la temperatura del horno de la freidora a 375ºF (191ºC). Presione Iniciar para comenzar a precalentar. Rocía la sartén perforada con aceite en aerosol.

2. Combina todos los ingredientes para cubrir el tofu por completo y deja que la marinada se absorba durante media hora.

3. Transfiera el tofu a la sartén, luego fríalo al aire en el horno de la freidora durante 15 minutos. Dale la vuelta al tofu y fríelo al aire durante otros 15 minutos por el otro lado.

4. Servir inmediatamente.

Bolas de calabacín

Tiempo de preparación: 5 minutos | Tiempo de cocción: 10 minutos | Para 4 personas

4 calabacines

1 huevo

½ taza de queso parmesano rallado

1 cucharada de hierbas italianas

1 taza de coco rallado

1. Rallar finamente el calabacín y secar con una gasa, asegurándose de eliminar toda la humedad.

2. En un bol, combina el calabacín con el huevo, el parmesano, las hierbas italianas y el coco rallado, mezclando bien para incorporar todo. Con las manos, moldee la mezcla en bolas.

3. Ajuste la temperatura del horno de la freidora a 400ºF (204ºC) y coloque la sartén perforada adentro. Presione Iniciar para comenzar a precalentar.

4. Coloque las bolas de calabacín en la sartén perforada y fría durante 10 minutos.

5. Servir caliente.

Pimiento Relleno de Carne y Arroz

Tiempo de preparación: 20 minutos | Tiempo de cocción: 15 minutos | Para 4 personas

2 dientes de ajo picados

1 cebolla pequeña picada

Spray para cocinar

454 g (1 libra) de carne molida

1 cucharadita de albahaca seca

½ cucharadita de chile en polvo

1 cucharadita de pimienta negra

1 cucharadita de sal de ajo

⅔ taza de queso rallado, cantidad dividida

½ taza de arroz cocido

2 cucharaditas de salsa Worcestershire

8 onzas (227 g) de salsa de tomate

4 pimientos morrones, sin la parte superior

1. Engrasa una sartén con aceite en aerosol y sofríe la cebolla y el ajo a fuego medio.

2. Agregue la carne de res, la albahaca, el chile en polvo, la pimienta negra y la sal de ajo, combinando todo bien. Fríe al aire hasta que la carne esté bien dorada, antes de retirar la sartén del fuego.

3. Agregue la mitad del queso, el arroz, la salsa Worcestershire y la salsa de tomate y revuelva para combinar.

4. Vierta cantidades iguales de la mezcla de carne en los cuatro pimientos, llenándolos por completo.

5. Fije la temperatura del horno de la freidora a 400ºF (204ºC). Presione Iniciar para comenzar a precalentar.

6. Rocíe la sartén perforada del horno de la freidora con aceite en aerosol.

7. Poner los pimientos rellenos en la sartén perforada y sofreír durante 11 minutos.

8. Agregue el queso restante encima de cada pimiento y fría durante 2 minutos más. Cuando el queso se derrita y los pimientos estén bien calientes, sírvalos inmediatamente.

Champiñones Rellenos De Anacardos

Tiempo de preparación: 10 minutos | Tiempo de cocción: 15 minutos | Para 6

1 taza de albahaca

½ taza de anacardos, remojados durante la noche

½ taza de levadura nutricional

1 cucharada de jugo de limón

2 dientes de ajo

1 cucharada de aceite de oliva

Sal al gusto

454 g (1 libra) de hongo Bella baby, sin tallos

1. Fije la temperatura del horno de la freidora a 400ºF (204ºC). Presione Iniciar para comenzar a precalentar.

2. Prepara el pesto. En un procesador de alimentos, licúa la albahaca, los anacardos, la levadura nutricional, el jugo de limón, el ajo y el aceite de oliva para combinar bien. Espolvorea con sal al gusto.

3. Gire los champiñones con la tapa hacia abajo y extienda el pesto en la parte inferior de cada tapa.

4. Transfiera al horno de freidora y fría al aire durante 15 minutos.

5. Sirva caliente.

Hongos con ajo dorado

Tiempo de preparación: 10 minutos | Tiempo de cocción: 10 minutos | Para 4 personas

6 champiñones pequeños

1 cucharada de pan rallado

1 cucharada de aceite de oliva

28 g (1 onza) de cebolla, pelada y cortada en cubitos

1 cucharadita de perejil

1 cucharadita de puré de ajo

Sal y pimienta negra molida, al gusto.

1. Ajuste la temperatura del horno de la freidora a 350ºF (177ºC). Presione Iniciar para comenzar a precalentar.

2. Combine el pan rallado, el aceite, la cebolla, el perejil, la sal, la pimienta y el ajo en un tazón. Corta los tallos de los champiñones y rellena cada tapa con la mezcla de migas.

3. Fríe al aire en el horno de la freidora durante 10 minutos.

4. Servir caliente.

Champiñones Gorgonzola con Mayonesa de Rábano picante

Tiempo de preparación: 15 minutos | Tiempo de cocción: 10 minutos | Para 5 porciones

½ taza de pan rallado

2 dientes de ajo, prensados

2 cucharadas de cilantro fresco picado

⅓ cucharadita de sal kosher

½ cucharadita de hojuelas de pimiento rojo triturado

1½ cucharada de aceite de oliva

20 champiñones medianos, sin tallos

½ taza de queso gorgonzola rallado

¼ de taza de mayonesa baja en grasa

1 cucharadita de rábano picante preparado, bien escurrido

1 cucharada de perejil fresco finamente picado

1. Ajuste la temperatura del horno de la freidora a 380ºF (193ºC). Presione Iniciar para comenzar a precalentar.

2. Combine el pan rallado junto con el ajo, el cilantro, la sal, el pimiento rojo y el aceite de oliva.

3. Tome cantidades iguales de la mezcla de pan rallado y úselas para rellenar las tapas de los hongos. Agregue el Gorgonzola rallado encima de cada uno.

4. Coloque los champiñones en la bandeja para hornear del horno de la freidora y transfiéralos al horno de la freidora.

5. Fríe al aire durante 10 minutos, asegurándote de que el relleno esté completamente caliente.

6. Mientras tanto, prepara la mayonesa de rábano picante. Mezclar la mayonesa, el rábano picante y el perejil.

7. Cuando los champiñones estén listos, sírvelos con la mayonesa.

Frijoles Renos Avena en Pimientos

Tiempo de preparación: 15 minutos | Tiempo de cocción: 6 minutos | Sirve de 2 a 4

2 pimientos morrones grandes, cortados por la mitad a lo largo, sin semillas

2 cucharadas de frijoles rojos cocidos

2 cucharadas de garbanzos cocidos

2 tazas de avena cocida

1 cucharadita de comino molido

½ cucharadita de pimentón

½ cucharadita de sal o al gusto

¼ de cucharadita de pimienta negra en polvo

¼ de taza de yogur

1. Ajuste la temperatura del horno de la freidora a 355ºF (179ºC). Presione Iniciar para comenzar a precalentar.

2. Coloque los pimientos morrones, con el lado cortado hacia abajo, en el horno de la freidora. Freír al aire durante 2 minutos.

3. Saque los pimientos del horno de la freidora y déjelos enfriar.

4. En un bol, combine el resto de los ingredientes.

5. Divida la mezcla de manera uniforme y use cada porción para rellenar un pimiento.

6. Regrese los pimientos rellenos al horno de la freidora y continúe friendo al aire durante 4 minutos. Servir caliente.

Jalapeño

Tiempo de preparación: 5 minutos | Tiempo de cocción: 33 minutos | Para 4 personas

8 chiles jalapeños medianos

142 g (5 onzas) de queso crema

¼ taza de queso mozzarella rallado

½ cucharadita de mezcla de condimentos italianos

8 rebanadas de tocino

1. Fije la temperatura del horno de la freidora a 400ºF (204ºC). Presione Iniciar para comenzar a precalentar.

2. Corta los jalapeños por la mitad.

3. Use una cuchara para raspar el interior de los pimientos.

4. En un bol, agregue el queso crema, el queso mozzarella y el condimento italiano.

5. Empaque la mezcla de queso crema en las mitades de los jalapeños y coloque las otras mitades encima.

6. Envuelva cada pimiento en 1 rebanada de tocino, comenzando desde abajo y trabajando hacia arriba.

7. Hornea por 33 minutos.

8. Servir inmediatamente.

Pizza de champiñones con pepperoni y marinara

Tiempo de preparación: 5 minutos | Tiempo de cocción: 18 minutos | Para 4 personas

4 hongos portobello grandes, sin tallos

4 cucharaditas de aceite de oliva

1 taza de salsa marinara

1 taza de queso mozzarella rallado

10 rodajas de pepperoni sin azúcar

1. Ajuste la temperatura del horno de la freidora a 375ºF (191ºC). Presione Iniciar para comenzar a precalentar.

2. Cepille cada tapa de hongo con aceite de oliva, una cucharadita por cada tapa.

3. Coloque en una bandeja para hornear y hornee con el tallo hacia abajo durante 8 minutos.

4. Saque del horno de la freidora y divida la salsa marinara, el queso mozzarella y el pepperoni uniformemente entre las tapas.

5. Fríe al aire durante otros 10 minutos hasta que se dore.

6. Servir caliente.

Mini pizza de champiñones y prosciutto

Tiempo de preparación: 10 minutos | Tiempo de cocción: 5 minutos | Para 3 porciones

3 tapones de champiñones portobello, limpios y recogidos

3 cucharadas de aceite de oliva

Pizca de sal

Una pizca de condimentos italianos secos

3 cucharadas de salsa de tomate

3 cucharadas de queso mozzarella rallado

12 rebanadas de prosciutto

1. Fije la temperatura del horno de la freidora a 330ºF (166ºC). Presione Iniciar para comenzar a precalentar.

2. Sazone ambos lados de los hongos portobello con un chorrito de aceite de oliva, luego espolvoree sal y los condimentos italianos en el interior.

3. Con un cuchillo, esparce la salsa de tomate uniformemente sobre el champiñón, antes de agregar la Mozzarella por encima.

4. Ponga el portobello en la sartén perforada y colóquelo en el horno freidora.

5. Freír al aire durante 1 minuto, antes de sacar la sartén perforada del horno de la freidora y poner encima las lonchas de jamón.

6. Freír al aire durante otros 4 minutos.

7. Sirva caliente.

Patatas Ricotta

Tiempo de preparación: 15 minutos | Tiempo de cocción: 15 minutos | Para 4 personas

4 patatas para hornear

2 cucharadas de aceite de oliva

½ taza de queso ricotta a temperatura ambiente

2 cucharadas de cebolletas picadas

1 cucharada de perejil fresco picado

1 cucharada de cilantro picado

2 onzas (57 g) de queso cheddar, preferiblemente recién rallado

1 cucharadita de semillas de apio

½ cucharadita de sal

½ cucharadita de pimienta de ajo

1. Ajuste la temperatura del horno de la freidora a 350ºF (177ºC). Presione Iniciar para comenzar a precalentar.

2. Perfora la piel de las patatas con un cuchillo.

3. Fríe al aire en la sartén perforada del horno de la freidora durante 13 minutos. Si no están bien cocidos para este momento, déjelos de 2 a 3 minutos más.

4. Mientras tanto, prepara el relleno combinando todos los demás ingredientes.

5. Corta a la mitad las patatas cocidas para abrirlas.

6. Vierta cantidades iguales del relleno en cada papa y sirva caliente.

Pimientos Rellenos De Taco Picante

Tiempo de preparación: 10 minutos | Tiempo de cocción: 30 minutos | Para 4 personas

454 g (1 libra) de carne molida

1 cucharada de mezcla de condimentos para tacos

1 lata de tomates cortados en cubitos y chiles verdes

4 pimientos morrones verdes

1 taza de queso Monterey jack rallado, cantidad dividida

1. Ajuste la temperatura del horno de la freidora a 350ºF (177ºC). Presione Iniciar para comenzar a precalentar.

2. Ponga una sartén a fuego alto y cocine la carne molida durante 8 minutos. Asegúrese de que esté bien cocido y dorado por todas partes. Escurre la grasa.

3. Agregue la mezcla de condimentos para tacos y los tomates cortados en cubitos y los chiles verdes. Deje que la mezcla se cocine durante 4 minutos más.

4. Mientras tanto, corte la parte superior de los pimientos verdes y retire las semillas y las membranas.

5. Cuando la mezcla de carne esté completamente cocida, vierta cantidades iguales en los pimientos y cubra con el queso Monterey jack. Luego coloque los pimientos en el horno de la freidora. Freír al aire durante 15 minutos.

6. Los pimientos están listos cuando estén blandos y el queso burbujee y se dore. Sirva caliente.

Especiales de vacaciones

Aceitunas picantes fritas al aire

Tiempo de preparación: 10 minutos | Tiempo de cocción: 5 minutos | Para 4 personas

12 onzas (340 g) de aceitunas negras extragrandes sin hueso

¼ de taza de harina para todo uso

1 taza de pan rallado panko

2 cucharaditas de tomillo seco

1 cucharadita de hojuelas de pimiento rojo

1 cucharadita de pimentón ahumado

1 huevo batido con 1 cucharada de agua

Aceite vegetal para pulverizar

1. Fije la temperatura del horno de la freidora a 400ºF (204ºC). Presione Iniciar para comenzar a precalentar.

2. Escurre las aceitunas y colócalas en un plato forrado con papel toalla para que se sequen.

3. Pon la harina en un plato. Combine el panko, el tomillo, las hojuelas de pimiento rojo y el pimentón en un plato aparte. Sumerja una aceituna en la harina, sacuda el exceso y luego cúbrala con la mezcla de huevo. Dragar la aceituna en la mezcla de panko, presionando para que se adhieran las migas, y colocar la aceituna empanizada en un plato. Repite con las aceitunas restantes.

4. Rocíe las aceitunas con aceite y colóquelas en una sola capa en la sartén perforada del horno freidora. Trabajar en lotes si es necesario para no sobrecargar la bandeja perforada. Fríe al aire durante 5 minutos hasta que el empanizado esté dorado y crujiente. Sirva caliente

Pan de mono bourbon

Tiempo de preparación: 15 minutos | Tiempo de cocción: 25 minutos | Sirve de 6 a 8

1 lata (16.3 onzas / 462 g) de masa para galletas refrigerada comprada en la tienda

¼ de taza de azúcar morena clara compacta

1 cucharadita de canela en polvo

½ cucharadita de nuez moscada recién rallada

½ cucharadita de jengibre molido

½ cucharadita de sal kosher

¼ de cucharadita de pimienta gorda molida

⅛ cucharadita de clavo molido

4 cucharadas (½ barra) de mantequilla sin sal, derretida

½ taza de azúcar en polvo

2 cucharaditas de bourbon

2 cucharadas de cerezas confitadas picadas

2 cucharadas de nueces pecanas picadas

1. Ajuste la temperatura del horno de la freidora a 310ºF (154ºC). Presione Iniciar para comenzar a precalentar.

2. Abra la lata y separe las galletas, luego córtelas en cuartos. Mezcle los cuartos de galleta en un tazón grande con el azúcar morena, la canela, la nuez moscada, el jengibre, la sal, la pimienta de Jamaica y los clavos hasta que estén cubiertos de manera uniforme. Transfiera los trozos de masa y el azúcar que quede en el tazón a un molde para pasteles, un molde para pasteles de metal o un molde para papel de aluminio y rocíe uniformemente con la mantequilla derretida. Coloque la sartén en el horno de la freidora y hornee hasta que el pan de mono esté dorado y cocido en el medio, aproximadamente 25 minutos. Transfiera la sartén a una rejilla y deje enfriar por completo. Desmoldar de la sartén.

3. En un tazón pequeño, bata el azúcar en polvo y el bourbon hasta obtener un glaseado suave. Rocíe el glaseado sobre el pan de mono enfriado y, mientras el glaseado aún está húmedo, espolvoree con las cerezas y las nueces para servir.

Pan de rompope

Tiempo de preparación: 10 minutos | Tiempo de cocción: 18 minutos | Sirve de 6 a 8

1 taza de harina y más para espolvorear

¼ de taza) de azúcar

1 cucharadita de levadura en polvo

¼ de cucharadita de sal

¼ de cucharadita de nuez moscada

½ taza de ponche de huevo

1 yema de huevo

1 cucharada más 1 cucharadita de mantequilla derretida

¼ de taza de nueces

¼ de taza de fruta confitada picada (cerezas, piña o frutas mixtas)

Spray para cocinar

1. Ajuste la temperatura del horno de la freidora a 360ºF (182ºC). Presione Iniciar para comenzar a precalentar.

2. En un tazón mediano, mezcle la harina, el azúcar, el polvo de hornear, la sal y la nuez moscada.

3. Agregue el ponche de huevo, la yema de huevo y la mantequilla. Mezclar bien pero sin batir.

4. Agregue las nueces y la fruta.

5. Rocíe una bandeja para hornear con aceite en aerosol y espolvoree con harina.

6. Extienda la masa en el molde preparado y hornee por 18 minutos o hasta que la parte superior esté dorada y el pan comience a desprenderse de los lados del molde.

7. Servir inmediatamente.

Rollitos de levadura de miel abundantes

Tiempo de preparación: 10 minutos | Tiempo de cocción: 20 minutos | Rinde 8 rollos

¼ de taza de leche entera, calentada a 115ºF (46ºC) en el microondas

½ cucharadita de levadura seca activa

1 cucharada de miel

$^2/_3$ taza de harina para todo uso, y más para espolvorear

½ cucharadita de sal kosher

2 cucharadas de mantequilla sin sal, a temperatura ambiente, y más para engrasar

Sal marina escamosa, al gusto

1. En un tazón grande, mezcle la leche, la levadura y la miel y deje reposar hasta que esté espumoso, aproximadamente 10 minutos.

2. Agregue la harina y la sal hasta que se combinen. Agregue la mantequilla hasta que se absorba. Raspe la masa sobre una superficie de trabajo ligeramente enharinada y amase hasta que quede suave, aproximadamente 6 minutos. Transfiera la masa a un tazón ligeramente engrasado, cúbralo sin apretar con una hoja de plástico o una toalla de cocina y déjelo

reposar hasta que casi duplique su tamaño, aproximadamente 1 hora.

3. Destape la masa, presiónela ligeramente hacia abajo para expulsar las burbujas, luego divídala en 8 partes iguales. Prepare la superficie de trabajo limpiándola con una toalla de papel húmeda. Enrolle cada pieza en una bola ahuecando la palma de la mano alrededor de la masa contra la superficie de trabajo y moviendo la palma de la mano en un movimiento circular mientras usa el pulgar para contener la masa y apretarla en una bola perfectamente redonda. Una vez que todas las bolas estén formadas, colóquelas una al lado de la otra en la sartén perforada del horno de la freidora.

4. Cubra los rollos sin apretar con una toalla de cocina o una hoja de envoltura de plástico y déjelos reposar hasta que estén ligeramente levantados e inflados, de 20 a 30 minutos.

5. Ajuste la temperatura del horno de la freidora a 270ºF (132ºC). Presione Iniciar para comenzar a precalentar.

6. Destape los rollos y cepille suavemente con más mantequilla, teniendo cuidado de no presionar los rollos con demasiada fuerza. Fríe al aire hasta que los panecillos estén ligeramente dorados y esponjosos, aproximadamente 12 minutos.

7. Retire los rollos del horno de la freidora y cepille generosamente con más mantequilla, si lo desea, y espolvoree cada rollo con una pizca de sal marina. Sirva caliente.

Asado de ternera picante festivo

Tiempo de preparación: 10 minutos | Tiempo de cocción: 45 minutos | Para 8 porciones

907 g (2 libras) de rosbif, a temperatura ambiente

2 cucharadas de aceite de oliva extra virgen

1 cucharadita de hojuelas de sal marina

1 cucharadita de pimienta negra, preferiblemente recién molida

1 cucharadita de pimentón ahumado

Algunas gotas de humo líquido.

2 chiles jalapeños, en rodajas finas

1. Fije la temperatura del horno de la freidora a 330ºF (166ºC). Presione Iniciar para comenzar a precalentar.

2. Seque el asado con paños de cocina. Frote con aceite de oliva virgen extra y todos los condimentos junto con el humo líquido.

3. Ase durante 30 minutos en el horno freidora precalentado. Dé la vuelta al asado y áselo durante 15 minutos más.

4. Verifique que esté cocido con un termómetro para carne y sirva espolvoreado con jalapeños en rodajas. ¡Buen provecho!

Mezcla de bocadillos exuberantes

Tiempo de preparación: 10 minutos | Tiempo de cocción: 10 minutos | Para 10 porciones

½ taza de miel

3 cucharadas de mantequilla derretida

1 cucharadita de sal

2 tazas de palitos de ajonjolí

2 tazas de semillas de calabaza

2 tazas de granola

1 taza de nueces de la India

2 tazas de cereal de hojaldre de maíz crujiente

2 tazas de mini pretzel chips

1. En un tazón, combine la miel, la mantequilla y la sal.

2. En otro tazón, mezcle los palitos de sésamo, las semillas de calabaza, la granola, los anacardos, el cereal de hojaldre de maíz y las patatas fritas de pretzel.

3. Combine el contenido de los dos tazones.

4. Fije la temperatura del horno de la freidora a 370ºF (188ºC). Presione Iniciar para comenzar a precalentar.

5. Ponga la mezcla en la sartén perforada del horno freidora y fría al aire durante 10 a 12 minutos para tostar la mezcla de bocadillos, agitando la sartén perforada con frecuencia. Haga esto en dos lotes.

6. Coloque la mezcla para refrigerios en una bandeja para hornear galletas y deje que se enfríe por completo.

7. Servir inmediatamente.

Cazuela De Champiñones Y Judías Verdes

Tiempo de preparación: 10 minutos | Tiempo de cocción: 15 minutos | Para 4 personas

4 cucharadas de mantequilla sin sal

¼ de taza de cebolla amarilla picada

½ taza de champiñones blancos picados

½ taza de crema batida espesa

28 g (1 onza) de queso crema con toda la grasa

½ taza de caldo de pollo

¼ de cucharadita de goma xantana

1 libra (454 g) de judías verdes frescas, con los bordes recortados

½ onza (14 g) de chicharrones, finamente molidos

1. Ajuste la temperatura del horno de la freidora a 320ºF (160ºC). Presione Iniciar para comenzar a precalentar.

2. En una sartén mediana a fuego medio, derrita la mantequilla. Saltee la cebolla y los champiñones hasta que estén suaves y fragantes, aproximadamente de 3 a 5 minutos.

3. Agregue la crema batida espesa, el queso crema y el caldo. Batir hasta que quede suave. Llevar a ebullición y luego reducir a fuego lento. Espolvorea la goma xantana en la sartén y retira del fuego.

4. Pica las judías verdes en trozos de 2 pulgadas y colócalas en una fuente para hornear. Vierta la mezcla de salsa sobre ellos y revuelva hasta que estén cubiertos. Cubra el plato con chicharrones molidos. Ponga en el horno de freidora.

5. Ajuste la temperatura a 320ºF (160ºC) y programe el temporizador en 15 minutos.

6. La parte superior estará dorada y las judías verdes tiernas cuando estén completamente cocidas. Sirva caliente.

Pollo asado entero

Tiempo de preparación: 10 minutos | Tiempo de cocción: 1 hora | Para 6

1 cucharadita de sal

1 cucharadita de condimento italiano

½ cucharadita de pimienta negra recién molida

½ cucharadita de pimentón

½ cucharadita de ajo en polvo

½ cucharadita de cebolla en polvo

2 cucharadas de aceite de oliva, y más según sea necesario

1 (4 libras / 1.8 kg) de pollo para freír

1. Ajuste la temperatura del horno de la freidora a 360ºF (182ºC). Presione Iniciar para comenzar a precalentar.

2. Engrase ligeramente la sartén perforada con aceite de oliva.

3. En un tazón pequeño, mezcle la sal, el condimento italiano, la pimienta, el pimentón, el ajo en polvo y la cebolla en polvo.

4. Retire las menudencias del pollo. Seque bien el pollo con toallas de papel, incluida la cavidad.

5. Unte todo el pollo con aceite de oliva y frótelo con la mezcla de condimentos.

6. Ate el pollo o ate las piernas con cordel de carnicero. Esto hará que sea más fácil voltear el pollo durante la cocción.

7. Coloque el pollo en la sartén perforada del horno de la freidora, con la pechuga hacia abajo. Freír al aire durante 30 minutos. Dale la vuelta al pollo y rocíalo con la grasa acumulada en el cajón inferior del horno de la freidora. Unte ligeramente el pollo con aceite de oliva.

8. Freír al aire durante 20 minutos. Dale la vuelta al pollo una última vez y fríelo al aire hasta que un termómetro insertado en la parte más gruesa del muslo alcance al menos 165ºF (74ºC) y esté crujiente y dorado, 10 minutos más. Continúe cocinando, revisando cada 5 minutos hasta que el pollo alcance la temperatura interna correcta.

9. Deje reposar el pollo durante 10 minutos antes de cortarlo y servirlo.

Lightning Source UK Ltd.
Milton Keynes UK
UKHW022138100521
383500UK00003B/250